されているわけではない。順番に読む必要はなく、気が向くままに読み、売買の参考にしていただければ、筆者としてこのうえない喜びである。「株式投資にかかわって日の浅い方にとっても、またベテランのプロディーラーの方にとっても、それなりに役立つ言葉がいくつかはあるはず」と自負している。なかには似た内容のページも複数あるかと思うが、微妙にニュアンスが異なるので、あえて削らずに両方残した。それはそれとして、微妙な違いを感じ取っていただければ幸いである。

筆者を鍛え育ててくれた旧山一證券をはじめとする兜町関係者各位には、あらためて御礼を申しあげたい。本書の企画・編集・デザインでご指導いただいたパンローリング社後藤康徳社長、磯崎公亜様、ベイ・イースト・グラフィックス社坪川圭一様のご尽力なくして本書の誕生があり得なかったことも、感謝の気持ちを込めてここに記しておきたい。また校正原稿チェックなど面倒な作業に協力してくれた弊社取締役の松澤利親・紺野究の両名にも、あらためて感謝の意をあらわしたい。

二〇〇四年春

ＢＲＢインベストメント代表取締役　東保裕之

株式トレーダーへのひとことヒント集

東保裕之

目次

まえがき……1

第1章 株式投資するにあたって覚えておきたい「ひとこと」集……7

異常値を異常と思わなくなった時が危ない／異常は長続きしない／一緒に弱気なっては駄目！／ウイニングショットは一つか二つ／おまけに惑わされてはいけない／経済指標はバカにできない／現実は受け入れる／行動あるのみ／弘法も筆の誤り／すぐゼロにはならない／スコアなしでは検証できない／スタイルもプロセスも無数／成功するためには周到な準備が必要／相場は意地悪／楽しく売買しよう／熱心な時は注意／年度末など関係ない／分散投資が正しいとは限らない／変化できないと死んでしまう／マグロから学ぶ／迷いがある時はうまくいかない／見る人によって答えは違う／目は二つしかない／練習と試合は違う

第2章 売買テクニックとして覚えておきたい「ひとこと」集……………………33
悪材料でも／行きすぎも相場／板はいつもあるとは限らない／買いやすい株は儲からない／グッドもバッドも流れてこなくなったら／「指値をしても買えない銘柄」はさらに上がる／自由化は売り／損切りできないのであれば／チャートには逆らわない／チャートはいつも途中／長期投資なら今不人気の銘柄群を狙う／手数料をケチらない／長いヒゲの反対につく／長引いたら負け／抜ける時はあっさり抜ける／値段がつく時に売ってこそ／乗りやすい馬に乗れ／場中の売買高急増はチャンス／花の命は短い／反対も参考になる／本音は言えない／「まさか」はチャンス／まだ中途半端／迷ったら現金／迷ったら新高値銘柄／皆強気なので／銘柄数は管理可能な数まで絞るべし／安い時に買うべし／利食い千人力／

第3章 自分への警告として覚えておきたい「ひとこと」集……………………63
あとからなら何とでも言える／「意識して注意すべき点」は常に少数／簡単なことは繰り返せばある程度はうまくなる／ギブ・アンド・テイク／継続は力なり／最初はなるべく薄い本を／たくさんの失敗がないと成功はない／知識量よりも技量／「長続きしないやり方」は駄目／勉強にはカネと時間がかかる／投資家心理は古今東西変わらない／本物は残る／自ら描けなくてもよい／見るとやるとでは大違い

第4章 自分を守る術として覚えておきたい「ひとこと」集……79
明日も相場はある／アルコールと一緒／あれこれ見ると失敗しやすい／いきなりはキツイ／うまい話などない／勝てそうな時だけ仕掛ける／事前に考えておく（一）／事前に考えておく（二）／出所不明にご用心／せかす業者は危険／脱兎のごとく／長期投資は本当に王道？／ドレッシングにご注意／ナイフは地面に突き刺さってから抜くほうが安全／長々と説明されなければいけない商品はあやしい／バンドエイドはすぐ貼れ／本人の自由だが／やり方が大事

第5章「そうだよなぁ」と思っていただけたら嬉しい「ひとこと」集（付録）…99
あいまいな答弁に注意／一二〇〇〇円じゃ駄目だよ／買う人がいなければ売れない／株主の権利を行使しよう／規制強化よりも／顧客が勝者を決める／下がれば安く買えるのに！／サプライズなし／自己売買手口の公表を／相場に合議制はなじまない／投機家のどこが悪い／東京での降雪＝閑散相場／二度目は退場に／配当金さえ出しておけば／必要な金額だけ売却可能／プロの舌／身銭を／夢がなきゃ／NATOは駄目

第1章

株式投資するにあたって覚えておきたい「ひとこと」集

異常値を異常と思わなくなった時が危ない

異常はあくまでも異常

○月×日の日経新聞朝刊にも報道されたが、テクニカル指標が「相場の過熱水準で高止まりしている」「今回は特別で、けして異常ではない」などの解説が今後横行し始めたら、その時は注意が必要である。

「今まで異常であった」ものが「急に正常になる」ことは滅多にない。一九八〇年代末期のバブル時やネットバブル時に、アナリストやストラテジストが「異常値」に対して無理な解説をし結果的に失敗したことを思い出したい。

異常は長続きしない

いつまでも続くと思うな異常事態

古今東西、投資の世界で「異常なこと」は長続きしない。だからこそ、おかしいと思ったらそこそこのところで逃げないといけない。要するに、「売られすぎ」なら買っておけばよいし、「買われすぎ」なら売っておけばよい。

ただ、頭ではわかっていても、実際は難しい。大多数の投資家は売られすぎを売り叩き、買われすぎを買い上がってしまう。うーん、相場で勝つのは難しい。

一緒に弱気になっては駄目！

他人と自分、どちらを信じる？

株価が下がってくると専門家もマスコミも弱気一色となる。しかし一緒に弱気になっていては、結局底値叩きで終わってしまう。「自ら売買しないアナリストやマスコミの論調などあてにならない」と思って接しないと、いつも損を繰り返すことになる。

アナリストやマスコミは損をしても責任をとってくれるわけではない。もっと自分を信じること。

ウイニングショットは一つか二つ

一つでも勝てる

野茂クラスの大投手でも打ち取るためのウイニングショット（決め球）はせいぜい一つか二つである。いや、「これは！」というウイニングショットを一つ持つことができたから、野茂は大物になれたとも言える。プロであっても、そう何種類もの決め球を手の内に入れることはできない。

株式投資も同じだ。いろいろなことを勉強しながら、最終的に「自分に合った手法」を一つか二つモノにできれば十分である。

おまけに惑わされてはいけない

本末転倒に注意

本当によい投信であれば、わざわざ定期預金金利のおまけなどつけない。定期預金の金利で一～二％得をしても、肝心の投信で一〇％も損をしたら大損である。

株主優待などもおまけのひとつだ。例えば、明日まで持てば株主優待の権利が確定するとする。今日売れば一二〇万円。しかし「チャートが悪くても優待券をもらおう」と思って一日待っていたら、相場が一〇万円下がることだってある。おまけに惑わされて売買の判断を誤ってはいけない。

経済指標はバカにできない

投資家を騙すものとは？

人間（エコノミストや財界人）のコメントにはバイアスが掛かっていることが多い。しかし数字は違う。稼働率が何%とか、景気指数が何%などの事実を示しているだけ。数字自体にうそはない。

だから数字が強くて専門家が弱気なら、数字を信じたほうがよい。そのほうが騙しは少ない。

現実は受け入れる

現実から目をそらしてもよいことなし

「不合格」「失恋」「昇進の遅れ」「左遷の辞令」「二軍落ち」「公式戦での敗北」など人生では厳しい現実を受け入れなければいけないことがよくある。

このことは相場も同じ。失敗した時は素直にその現実を受け入れて、速やかに対応すべきである。現実から目をそらし、いつまでもそのままにしておくと、もっと悲惨な結果に出合う。

行動あるのみ

行動しなければ何も生まれない

結果を見てからなら、何とでも後講釈できる。しかし投資家は結果がわかる前に決断して行動する必要がある。だから難しい。ただ、難しいからといって行動しなければ何も生まれない。行動しない人は、いつまでたっても成長できない。

行動をして失敗を重ねながら、少しずつ成功の道を歩めばよい。口だけの評論家になるよりも、行動で示すプレーヤー（投資家）になろう。投資家は、売買という行動を通してはじめて投資家になる。

弘法も筆の誤り

人間だから失敗はする

二〇〇二年の菊花賞。スタート直後に武豊が落馬した瞬間、一一〇億円が紙屑になった。天才武豊でも簡単に落馬することがあると、あらためて思い知らされた。

競馬にも相場にも絶対はない。何が起きるかは誰も事前にはわからない。だからこそ、裏目に出た時の対処法を、常に用意しておかないといけない。

人間である以上、失敗しないことはあり得ない。最も大切なことは失敗をしないことではなく、失敗の影響を最小限に留めることである。

すぐゼロにはならない

逃げるチャンスはある

ワラントであっても行使期限直前に買うのでなければ、紙屑になるまではかなりの時間がかかる。富士通株も五〇三〇円から三〇〇円まで下がるのに三年以上かかった。天井でジャンピングキャッチした投資家にもそこそこの損で逃げるための期間はそれなりにある。

相場において、急にゼロになることは滅多にない。しまったと思う状況から抜け出す時間は「いつも」ある。まだ大丈夫と思った結果、逃げ遅れることのないようにしたい。「まだ大丈夫」と思う時は、たいがい「もう危ない」ものだ。

スコアなしでは検証できない

記憶よりも記録

「野球の打率」「ゴルフのハンデ」「ボーリングのアベレージ」などはスコアをつけておかないと算出できない。株式投資も同じである。売買記録をつけておかないと、あとから分析・検証ができず、改善策を考えるのも困難になる。

人間の記憶というものは思ったよりもあてにならない。例えば、一週間前の昼食に何を食べたか、はっきり思い出すことができるだろうか。人間は忘れる動物だから、記憶に頼るよりも記録に頼ったほうが間違いは少ない。

スタイルもプロセスも無数

自分に適したものが最高

株式投資をするうえでの最終的な結論は「売り・買い・見送り」の三つしかない。とはいうものの、結論に達するまでのプロセスは投資家の数だけある。だから無理に他人の真似をする必要はない。他人にとってよいものが必ずしも自分に適しているとは限らない。

投資手法に絶対的な正解はないのだから、投資家自身がやりやすいスタイルを貫けばよい。事実、自分のやりやすい手法のほうが利益を手にしやすい。

成功するためには周到な準備が必要

ラクには勝てない

でたらめに売買しても儲かることがあるかもしれない。しかしそれは運がよかっただけといえるだろう。日経新聞をきちんと読む、書籍で勉強する、ファンダメンタル派であれば会社四季報を見て業績をチェックする、テクニカル派ならばチャートくらいはチェックするなど、売買をするうえでの最低限の準備はすべきだ。

長い目でみれば、勝っている投資家のほとんどは「周到な準備」をしたうえで売買に臨んでいる。何も準備していないのに勝とうと思うのは甘い。

相場は意地悪

相場のミステリー

一九八九年のバブル、二〇〇〇年のネットバブルのように、皆が同じような行動をとる時は不思議と何かが起きる。二〇〇三年も「もう中国株しかない」と思う人が増えた途端に、ＳＡＲＳ騒動が起きた。

相場は意地悪なので、皆が同じ行動をとるとどこからともなく悪材料を出してくる。この習性は三〇世紀になっても変わるまい。

売買は修行ではない

楽しく売買しよう

売買は修行ではないから無理に嫌なことをすることはない。無理して苦しみながら売買をすると、おカネはどんどん逃げてしまう。

やり方は無数にある。自分にとってラクで嫌なことが少ない——できれば嫌なことがひとつもない——やり方で儲かれば最高だ。自分の資金力・経験の範囲内で、無理せず楽しみながら株式の売買をするべし。

熱心な時は注意

自分で買わずに人に勧めるなんて

ペイオフ解禁を控えて、貴金属や金先物の電話セールスが多くなった。しかし「業者が熱心にセールスする商品は儲からない」という経験則を筆者は信じている。

これは何も先物取引に限らない。投信・ワラント・不動産・絵画・ゴルフ会員権でも似たような傾向がある。業者が熱心に勧めるのは、「今のうちに勧めておかないと後で売れなくなる」可能性が高いからである。本当に売れているものなら、熱心に売り込む必要はない。

年度末など関係ない

締め切りのないところが利点

今年度最後のＳＱ算出日が通過した。次は年度末の株価水準がクローズアップされそうだ。しかし個人投資家には関係ない。期末の制約がない個人投資家は、機関投資家よりも有利である。

どんなに得意なことでも、急いで行うとミスをしやすくなる。期末を気にして焦る必要などないのだから、個人投資家はその利点を十分生かし余裕を持って売買したい。

分散投資が正しいとは限らない

結果が出なければ駄目

投資の教科書には「一つの籠に全部の卵を盛るな」と書いてある。しかしプロが分散投資をして基準価格を半分以下にしているファンドも多い。分散投資をしても儲からないものは駄目である。

分散投資をしすぎると苦手なものを買ってしまうことも、相性の悪い銘柄を買ってしまうこともある。それならば、一つか二つに絞って相性のよい銘柄を買うほうがよいかもしれない。少数に絞ると、それについて詳しくなるメリットもある。ただ、気をつけなければならないのは、対象選びだ。日経二二五先物や円ドル相場のように潰れないものでなければならない。

変化できないと死んでしまう

うまくいかない時には方向転換

売買のやり方が間違っていると気づいているのに、あるいは今のやり方がうまくいっていないと自覚しているのに、いつかうまくいくだろうと思ってそれをずっと続けていても駄目。そこで自分を変えようとしなければ、そのままで終わってしまう。

うまくいかない時は、今までのやり方に深くこだわることなく、自分をよい方向に変えていかなければいけない。そこでうまく方向転換できない人は、座して死を待つことになる。

マグロから学ぶ

自分の常識を信じる

初セリでマグロの価格が大暴落した。しかしマグロ一本に二〇〇〇万円の値段がついた昨年がマグロバブルだっただけである。もっともバブルの真っ只中にいる時、当事者は案外バブル現象に気づかない。しかし異常な価格形成は長続きしない。これはマグロだけでなくクワガタも地価も株価も同じである。

常識で考えておかしい値段がついている時はやっぱりおかしい。非常識な値段が往来している時は、目先の儲けをあきらめてもさっさと手を引く勇気を持ちたい。自分の常識を信じたい。

迷いがある時はうまくいかない

「自分なり」を決めておく

迷っていたら行動できないから、自分の行動指針は常に持っていないといけない。しかしほとんどの人は行動指針を考えていない。だから迷う。そして迷っているうちに相場は進み、さらに迷うことになる。最悪の場合、迷った末に選んだものが裏目に出て痛い目をみる。

迷いがある時点で負けである。相場は、投資家が迷っていようがいまいが関係なく進んでしまうから、本番で迷っていたら勝ち目がない。「自分なりの投資哲学や売買手法」を確立すること。

見る人によって答えは違う

正しく判断できるものを使う

チャートは絵。ひとくちに「幅が狭い」とか「幅が広い」といっても、人によって判断は異なる。頂点から何％の角度で何ミリ下がったら売りということを示しているチャートなら話は別だが……。

大事なのは、自分が見てすぐ「売りサインか、買いサインか」がわかるようなチャートを選ばないといけない。「ヒゲが長い」と言われてどのひげが長いのかがピンとこない人はヒゲに頼るチャートを選んでも駄目。違うチャートを考えたほうがよい。自分で見て、結果として正しく判断できるものを使うべきである。

目は二つしかない

聖徳太子以外には無理なこと

聖徳太子は同時に一〇人くらいの人の話を聞くことができたとの逸話が残っている。しかし「同時にいくつものことをこなす」というのは、普通は至難の業である。

プロのディーラーでさえ、手がけている銘柄数はだいたい二〜三である。それ以上になってしまうと、プロでも見落としが増える。やはり自分の監視の目が届く範囲で勝負したい。無理をすると、無理をしたぶんだけツケがまわってくる。

練習と試合は違う

練習の一〇億円よりも実際の売買の一〇〇万円

練習でうまくいくからといって、試合でもうまくいくとは限らない。試合には練習では味わうことのなかったプレッシャーがのしかかってくる。株式投資も同じで、仮想売買は好結果でも、実際の運用では儲からないことも多い。

だからといって、実戦を恐れることはない。甘くはないが、実戦を恐れていてはいつまでたっても上達しない。「実戦こそが最大の練習の場になる」と肝に銘じて取り組むこと。

第2章

売買テクニックとして覚えておきたい「ひとこと」集

悪材料でも

強い時はまわりの影響を受けない

悪材料が出て下がるのは当たり前のことなのであまり重要ではない。しかし悪材料が出てもたいして下げない時は、結果として相場が強いことを意味する。

同じように、好材料が出て上がるのは当たり前のことなので重要ではない。しかし好材料が出ても上がらない時は、結果として相場が弱いことを意味する。

行きすぎも相場

弾みがつくことも珍しくない

買いでも売りでも、皆が強気、あるいは皆が弱気だと相場は極端に動く。「ここで止まるだろう」と思われる値段を突破することも珍しくない。坂道で弾みがつくとそのまま加速してしまうように、相場も弾みがつくと行き着くところまで行ってしまう。

極端に下に行きすぎたり、極端に上に行きすぎたりする時は、その動きに逆らってはいけない。上に向いていたものが下に向いてからとか、下に向いていたものが上に向いてからなど、方向性が変わってから動いたほうが安全である。

板はいつもあるとは限らない

板はあるうちが命

例えば、買い一五〇〇株という厚い板があるとする。「そこで止まるだろう」と考えてしまいがちだが、実際にそんなことはない。仮に誰かが五〇〇株売ったりすると、皆がいっせいに売り出すこともある。もたもたしているとすべてさらわれてしまう。

板というものは「今」はあっても、五分後にあるとは限らない。刻々と変わるので、売買しようと思った時点で判断して、即行動しなければいけない。板がなくなってから嘆いても遅い。

買いやすい株は儲からない

皆が「買える」銘柄に金脈はない

下がってきている株は買いやすいが、そういう株はさらに下がる可能性が高い。買いやすい株は意外と儲からない。

仮に、同じような条件のもと、三〇万円で買える株と一〇〇万円を出さなければ買えない株があるとしたら、どちらを選ぶだろうか。一般的には安い「三〇万円」の株を買うと思われる。しかし上がるのは一〇〇万円の株だ。買ったら、次に売らないといけないので、皆が買える株はすぐ売りが出てしまい、結局上がりにくい。

グッドもバッドも流れてこなくなったら

情報ゼロは最悪

上場企業ならば、ある程度はニュースをコントロールできる。良い時はマスコミの取材に応じ、悪い時は「担当者不在または会議中」で逃げるのが常套手段だ。

流れてくるニュースが何であれ、企業活動をしている以上、何らかの情報が入ってくるのが普通である。だからグッドニュースもバッドニュースも流れてこなくなったら、それは異常であると判断してもよい。「とりあえず売りサイン」だろう。

「指値をしても買えない銘柄」はさらに上がる

注文しようとしている銘柄が強いかどうかを探るには

例えば今、株価が二〇〇〇〜二〇〇五円くらいで動いているとする。「できれば一九八円前後で買いたい」と思い、「一九八円で一万株買い」と指値で注文したところ成立してしまった場合――一九八円で誰かが売り注文を出したわけだから――この株は弱く、さらに下がってしまう可能性が高い。逆にこの指値で買えなかった時には、その株はもっと上がる可能性が高い。

絶対ではないが、「買えたらいいな、売れたらいいな」と思っている指値で成立してしまった時は、自分の思惑と反対の方向に相場が動きやすい。

自由化は売り

自由化されると儲からない

自由化されていない時は守られているから利益率が高い。ところが自由化されると、競争が激しくなるため利幅がとりにくくなる。最終的に価格競争になるか、別のサービスが必要になり、一番にならないと企業としては儲からなくなってくる。事実、航空会社も金融も、自由化されたらボロ儲けができなくなった。電力株も安心して長期保有できないかもしれない。

損切りできないのであれば
コストを気にしてはいけない

株価チャートには、「買いサイン」だけでなく「売りサイン」も当然出る。ずっと「買いサイン」だけのチャートなどあるはずがない。

売りサイン点灯にもかかわらず、「自分の買いコストよりも株価が下がったので損切りは嫌だ」と言う投資家が多いのには驚かされる。損切りできないのであれば、株価チャートを見る必要などない。

チャートには逆らわない

人間よりは信用できる

基本的に、チャートは事実だけで構成されている。株価や売買高など、今までに起きた現象をただ数値化して表しているだけである。

チャート自体はうそではない。だからチャートが売りサインを出している時は、思惑を絡めて無理に先読みするよりも素直にそのサインにしたがったほうがうまくいくことが多い。もちろん、チャートは絶対ではないので騙しはある。それでも、人間よりは信用できる。

チャートはいつも途中

目盛りは変化する

上場廃止にでもならない限り、チャートは明日以降も続く。もう天井だと思っても、三カ月後に振り返ってみると、単なる通過点にすぎなかったというケースは多い。

昔は手描きチャートだったので、グラフ用紙をどんどん書き足した。だからチャートの変化に気づくことができた。しかし最近はパソコンの画面でチャートを見てしまうことが多い。パソコンの画面には自動調整された目盛りでチャートが表示される。自分の手を煩わせることがないから、結果として、目盛りの変化に気づかないことも多くなる。

長期投資なら今不人気の銘柄群を狙う

不人気が人気になる時を待つ

今人気のある銘柄は天井に近いわけだから、長期で持っても厳しい。長期で狙うなら、割安に放置されている銘柄を買わないと儲けにくい。

逆に短期売買なら、勢いのある銘柄を選ばないといけない。当たり前のことだが、勢いのある銘柄でないとすぐに上がらないため、短期売買にはならない。

手数料をケチらない

小さな出費を惜しむと大きな出費につながる

「手数料を払ってまで損切りをするのは嫌だ」という投資家が案外多い。しかし「三〇〇万円で買ったNTT株を一五年以上かけて五〇万円以下にしてしまうこと」を考えたら、手数料など気にしてはいけない。

長いヒゲの反対につく

反対の力が働いている

「朝一一〇円で始まり、引けは一一三円。しかし瞬間的に一三〇円まで上がり、瞬間的に一〇六円まで下げた」という、上ヒゲの長いチャートがあったとする（極端な例ではあるが）。このチャートからは「一一〇円で始まり瞬間的に一三〇円まで買われたにもかかわらず終わりは一一三円だった。高値から一七円下げていることになる」と読みとれる。相場は下に行きたがっていることがわかる。

このようにローソク足の長いヒゲは、反対の力が働いていることを示す。長いヒゲの方向と反対に株価は動きやすい。

長引いたら負け

粘っても勝てない

最初に決めた期間で利益が出なかった場合はいったん手仕舞ったほうがよい。自分の思っていた期間で利益が出せないこと自体、見通しを誤っているわけだから早く整理したほうがよい。

長引かせても勝つ確率が低いのだから早々にふんぎりをつけること。とはいえ、たまには神風が吹いて勝つこともあるから、なかなかやめられないのだが……。

抜ける時はあっさり抜ける

決めつけは禁物

日経新聞に価格帯別売買高と呼ばれるグラフがよく掲載される。「いくらの値段でどれくらいの売買高があったか」を示すものだ。

一般的に、「売買高の多かったところで売買している人が多い」と判断する。例えば、一〇〇〇〇〜一一〇〇〇円の壁が厚いとすると、「簡単に抜けない」と考えがちになる。

しかし実際問題として勢いのある時はそんなことに関係なく抜けてしまう。だから「どこの値段で売買高が多かったか」などはあまり気にすることはない。

値段がつく時に売ってこそ

価値のある時に行動する

神戸生絲の昨日の終値は二六円。突然破たんしてもおかしくなかった。とはいえ、今となっては手の打ちようがない。損していようが何をしようが、株式は値段がつく時に売らないと駄目である。

価値がなくなってから売ろうと思っても、所詮は無駄である。売れる時に売る決断力と行動力が、投資家には求められる。

乗りやすい馬に乗れ

自分にとっての名馬は自分が乗りやすい馬

銘柄は東証一部だけでも一五〇〇以上ある。わざわざ相性の悪い銘柄を選ぶのではなく、相性の良い銘柄を選んで売買すればよい。不得手なものに情熱を注いでも儲けにくいし、時間の無駄になる。実際、プロの投資家は自分の「慣れた銘柄」に特化して売買をする。

乗りにくい馬よりも乗りやすい馬に乗る。これが売買する時の基本である。

場中の売買高急増はチャンス

何かがある

普通は朝九時寄り付きの売買高が一日中で一番多い。しかし一〇時ごろに突然売買が増える銘柄がたまにある。誰かが仕掛けた、急に市場参加者が増えた、材料が出現したなど、こういう時は何かがある。

突然、場中に売買高が急増する銘柄を見つけたら「デイトレード向きの銘柄」と割り切って勝負すべし。

花の命は短い

欲張らないことが一番

後から振り返ってみると、「天井は長い相場の中のほんの一瞬」というケースが多い。一瞬の満開時にピンポイントで売り抜けることができれば何の問題もないが、実際、それは難しい。

だからこそ、「散り始めた」と感じたら、あまり引っ張らないようにしたい。横綱も相場も引き際が大事だ。「もうひと花咲かせようとして大失敗する」ことなく、散り始めたら退却を急ぐこと。

反対も参考になる
円高とドル安のように

円高とドル安のように、いつも見ているチャートを逆さまに見てみると、意外なことに気づくことがある。見方を変えてみた途端、思わぬ発見をすることがある。時には、反対も参考になる。

本音は言えない

それぞれの立場を考慮する

日経金融新聞に「機関投資家の買いたい銘柄・売りたい銘柄」が掲載されていた。しかしアンケートに本音を回答する機関投資家はほとんどいない。実際には「すでに買った銘柄・すでに売った銘柄」のリストと考えておいたほうがよさそうだ。この手のアンケートが出ても鵜呑みにしないほうがよい。

「まさか」はチャンス

ピンチはチャンス

二〇〇三年四月のソニーショックのように、驚くようなニュースが出た時は自分以外の人も驚いている。その結果、皆がびっくりして売る、あるいは、皆がびっくりして買うため、極端に相場が行きすぎてしまいがちになる。

このようなサプライズがあった時は、見ているだけでは駄目で、どちらかにつかないといけない。皆が驚くような時が一番のピンチでもあり、一番のチャンスでもある。

まだ中途半端

「そろそろ」は「まだまだ」

「割安なのでそろそろ買い」という声が聞こえるうちは大底ではない。「この値段でもまだ買えない」と皆が言い出して誰も買わなくなったら大底である。

「そろそろ買い」と誰かが言っているうちはまだまだ下がる。皆が焦って売りまくる時がこないと、なかなか底入れはしない。

迷ったら現金

迷ったままでいることが一番危険

相場が変動するのは当たり前。ところが、この「変動」自体を気にしてしまう人がいる。例えば、一〇〇〇万円のおカネを持っていて、そのうちの三〇〇万円でＮＴＴ株を買っているとする。ＮＴＴ株が上下動すると、それが気になり、残り七〇〇万円の運用方針を迷ってしまう人がいる。

迷っている間にも相場は進むのだから、迷って悩むくらいなら全部現金にしたほうがよい。現金にすると、儲けはないが損もない。現金にさえしておけば、次の手が打てる。

迷ったら新高値銘柄

逆行高している銘柄は狙い目

全体がパッとしない相場の時でも、昨年来高値とか、年初来高値を更新している銘柄はいくつかある。全体の相場が弱いにもかかわらず、逆行高している銘柄は強い。だから何を買ってよいのかわからないのであれば、少々リスクはあってもそういう銘柄を買っておけば目先はとれる可能性が高い（ハイリスク・ハイリターンだが）。

気をつけたいのは「新高値銘柄を空売りしてしまう」ことだ。全体の地合いが悪い時に高値をとっている銘柄というのは逆行高していて強いのだから、それを空売りすると買っている人の思うつぼになる。

皆強気なので

一方向の意見しか出ていない時は注意

皆が「強い」と言う時は、皆が買っているので次に買う人はいなくなる。次に買う人がいなければ、当然、株価も上がらない。

相場は意地悪なので、皆の意見と違うほうが当たる。しかし人と違う意見を言うのは勇気がいるものだが……。

相場は、意見が対立している時が面白い。専門家が皆強気の時は要注意である。

銘柄数は管理可能な数まで絞るべし

面倒なことは避ける

一度にたくさんのものを見ることはできない。何よりも、たくさんあると面倒だ。例えば、「保有株をどうしようか」と考える時に、ＮＴＴ株とソニー株だけに集中できるのであれば、比較的ラクに検討できる。ところが三〇銘柄も持っていたらどうだろうか。あれも見なければ、これも見なければということになって、結局管理が大変になる。プロならばそんなことも言っていられないが、個人投資家の場合は、ある程度数を絞るべし。

当たり前の極意

安い時に買うべし

不思議なもので、株価の高い時には皆気前よく買う。株価が下がってくると弱気になって買わなくなる。当たり前のことだが、株は安い時に買うのがよい。日経二二五が二〇〇〇〇円の時に気前よく買って、八〇〇〇〇円台になって見送っていては駄目に決まっている。

アナリストのレポートなどにあまり同調しないほうがよい。皆が弱気になったら、それ以上は下がらない。弱気レポートがどんどん出てきたら、逆に買いチャンス。一緒に弱気になっていたら、底値を売り叩くだけである。

利食い千人力

誰かが買ってくれる時に売らないと駄目

買い板が厚くてもっと上がりそうだと思う時には、皆が買ってくれるからよい値段で売れる。しかしそういう時は、もっと上に行くと思うから皆売りたがらない。そして、「もう伸びないから売ろう」と思った時には、ほかの人も同じことを考えているので、買い板がもうなくなっている。

相場とは、そういうもの。だから売ろうと思っている時に「買い板があるからもったいない」と考えるのではなく、「買い板があるからよい値段で売れる」と考えないといけない。事実、「もったいない」と思う時は、後から振り返ってみるとよい値段で売れていることが多い。

第3章
自分への警告として覚えておきたい「ひとこと」集

あとからなら何とでも言える

先のことは誰にもわからない

株価が上昇してからなら、あるいは下落してからなら、誰だって何とでも言える。しかし投資家は結果がわかる前に決断しなければいけない。

相場は動くものだから、「その時々の状況に応じた行動を自分で考える」訓練をする以外に勝率を高める方法はない。この先どうなるかを常に考え、うまくいった時は同じように繰り返し、うまくいかなかった時はその時の経験を糧に同じことを繰り返さないことが大切だ。

「意識して注意すべき点」は常に少数

できることから始める

野球でもテニスでも守るべきセオリーは多数ある。しかし最初からすべてを意識していては何もできない。時間をかけて一つずつクリアしていけば、大半のことは無意識に近い状態でプレーできるようになる。

一度に多くのことを気にしているうちはよいパフォーマンスを披露することなどできない。これは株式の売買でも同じである。まずはできることから始めることが大切。レベルが上がってくれれば、意識しなくてはいけないものが一つか二つに減ってくる。

簡単なことは繰り返せばある程度はうまくなる

繰り返してできること、そうでないこと

「一〇〇メートルを一〇秒で走る」という目標は、練習を重ねても永遠に達成できない人のほうが多い。しかし野球で定位置近辺のフライ（飛球）を捕球するという目標であれば、一〇〇〇回ぐらいノックを受ければ九九％の人は目標をほぼ達成できる（トッププロでもたまにはエラーはするので一〇〇％達成は困難）。

簡単なことについては、数を繰り返せば、ある程度うまくなる。株式投資も「中学や高校の部活」と似ていて、単純なことを繰り返し続ける根気が求められる。

渡世の仁義

ギブ・アンド・テイク

兜町ではギブアンドテイクが当たり前。自分の情報を提供しなければ、誰も新しい情報を教えてはくれない。聞くばかりで教えようとしない人は排除される。だからプロはいくつになっても毎日勉強を続ける。ここにプロが「プロ」と呼ばれる所以がある。逆に勉強する気力がなくなったら、その時は引退あるのみ。

継続は力なり

ちりも積もれば山となる

毎平日に同じことを四年続ければ、同じことを約一〇〇〇回繰り返したことになる。四年前の開始当初とは格段に違っている。数字の一つや二つだけでも、毎日欠かさずノートに記帳し続けることには意味がある。例えば、毎日東証一部の売買代金をつけていると、突然、一兆円を割った時などにも気がつきやすくなる。

時間というのは、経過すれば経過するほど、少しの差を大差にしてくれる。ちょっとでよいから毎日続けることはすごく大事だ。

最初はなるべく薄い本を

吸収しやすいものを選ぶ

受験勉強を思い出してほしい。分厚い参考書を全部マスターするのはしんどくて挫折しやすい。それよりも薄い問題集を全部解いたほうが成果は出やすい。

分厚い本をダラダラ読むよりも、薄い本をキチンと理解したほうがよいのは株式投資も同じ。まず薄い本。それで興味がわいたら分厚い本にすればよい。しかし皆、最初から分厚い本を読もうとする。結果、分厚い本のほうが売れたりする。投資家心理は複雑である。

たくさんの失敗がないと成功はない

失敗を恐れていては成長しない

最初から全部成功することなど滅多にない。トライ→修正→トライの積み重ねがないと、売買もなかなか上達しない。実際、簡単にできてしまったことは、あまり心に残らない。しかし失敗をした時は、その苦い記憶が深く心に刻み込まれる。失敗は成功の母というフレーズ、あれは本当のことである。

失敗しないことなどあり得ないのだから、極度に失敗を恐れることもない。取り返しのつく失敗をたくさん経験すべし。

知識量よりも技量

物知りだけでは勝てない

マネーゲームは知識量を問うゲームではない。知識豊富だからといって勝てるとは限らない。

マネーゲームで大事なのは知識量よりも技量。知識量を増やすよりも腕前を上げることのほうが大事。そういった意味では、高校受験よりも高校野球に似ている。野球のルールに詳しくても、実戦でバットを振ることができなければすぐれた選手にはなれない。

「長続きしないやり方」は駄目

楽に続けられるやり方を

どんなに優れた売買手法でも、長続きしないやり方では儲けのトータルが増えない。

できることなら、なるべく「楽で簡単なやり方」を身につけたい。しかしまわりを見渡してみると、「複雑なやり方」を学びたがる投資家が多い。投資家自身が「面倒だ」と思うようなやり方は、最終的には途中で挫折することになる。

勉強にはカネと時間がかかる

覚悟が必要

医師、教員、理容師、プロスポーツ選手など、どんな職業であっても食べていくための資格や技量を得るには、それなりのおカネや時間がかかる。片方だけならともかく両方を省略することは難しい。

プロになるため、さらにプロとして成功するために、それなりのコストや時間がかかるのは、資産運用の世界でも同じ。「ただで勉強できて、しかもできるだけ短時間で習得できるものはないか」と尋ねてくる人がいるが、そんなものはないし、あったら逆に教えてほしい。おカネをかけて勉強するか、時間をかけて勉強するか。少なくともどちらかの覚悟は必要だ。

投資家心理は古今東西変わらない

人間は皆似ている

政治・経済・戦争・恋愛・商売・投資など、その本質は古代から現代までほとんど変わっていない。人間に欲望がある限り、いつの時代も皆が考えることは似ている。

だから最新の投資手法を無理して学ぶ必要はない。古典的なやり方を学んで実践するだけで十分だ。しかしそれでは満足しない欲張りな投資家が多いのは、いつの時代も同じである。投資家心理は変わらない。

本物は残る

ベストセラーよりもロングセラー

『枕草子』でも、『ローマの休日』でも、『試単（試験に出る英単語）』でも、本物は時代を超えて残る。本当に素晴らしいものは、どれだけ時を重ねても廃れることはない。長きにわたって人々に支持される。

株式投資の世界でも同じだ。次から次に新しいチャートは開発されるが、大半は消えていく。何を使って分析しようかと迷っている人は、とりあえず昔から使われているオーソドックスな手法を学べばよい。

自ら描けなくてもよい

細かいことを知らなくても使いこなせればＯＫ

遠心力や反発係数のことなどわからなくても、バットを使いこなせれば名打者になれる。

このことと同じで、相場においても、細かいことを知らなくてもかまわない部分はたくさんある。例えば、一目均衡表の書き方など知らなくてもかまわない。一目均衡表を見て買いか売りかが判断できればよいのである。

図面または画面で最新のチャートをみて判断できれば投資家としては事足りる。

見るとやるとでは大違い

とにかくやってみること

スポーツでも将棋でも同じだと思うが、見ている時は簡単に思えても実際にやるとうまくいかないことが多い。株式の売買も同じである。理屈も大事だが、実際にやってみることのほうがはるかに大事である。

やりもしないで外野席からごちゃごちゃ言っていても駄目。うまいやり方をたくさん見ていても、実際にやってみなければうまくならない。やってみて初めてわかること、これを大事にしたい。

第4章

自分を守る術として覚えておきたい「ひとこと」集

明日も相場はある

無理して急ぐことはない

上場廃止になるような会社を除けば、現物株売買は明日もある。だから、焦って無理な売買をする必要はない。「今日で終わり」のようなせっぱ詰まった売買をするとたいがい負ける。

株式投資の際には「明日も、来週も、来月も相場はある」と考えること。そうすれば、不利な局面で無理な売買することも減る。

アルコールと一緒

消化するまでは重い

調子に乗って気持ちよく買ってしまうと、直後の株価調整で苦しむケースが多い。これは「酒と二日酔い」の関係に似ている。飲みすぎたら消化しないと体調は戻らないように、株式市場でも皆が買いすぎたら（あるいは売りすぎたら）、ある程度ポジションが解消されないと株価は戻らない。

あれこれ見ると失敗しやすい

複数見ると迷う

人間というのは弱いもので、自分のまわりにさまざまな判断材料があると、あれこれ迷いやすくなる。一目均衡表では買いのサイン、ＲＳＩでは売りのサインが出ていたら迷いが生じる。

迷ったあげく何もできないくらいなら、一番信じられるものを一つだけ採用したほうが結果的にうまくいくことが多い。手を広げすぎては駄目である。

いきなりはキツイ

徐々に慣れていくこと

身体にお湯もかけずに熱い湯船に飛び込むとやけどをしやすい。自動車の運転だって免許とりたての人がいきなり高速道路で走るのはかなり危険である。「ある程度肌がお湯に慣れてから湯船に入る」「だんだんスピードに慣れてから高速道路で運転する」というのは一種の常識である。

株式投資も同様で、慣れない手法でいきなり大張り（おっぱり）をしてはいけない。少額取引で慣れてから、少しずつ取引金額を増やすこと。

うまい話などない

うまい話には裏がある

「コンゴ投資話」で一〇〇億円近く集めた中古自動車業者に強制捜査が入った。「元本保証で高利回り」といった夢のような商品などあるわけがない。そんなに「うまい話」が本当にあるならば、新聞やマネー雑誌で紹介されて話題になるに決まっている。

勝てそうな時だけ仕掛ける

不利な状況で戦わない

どんな時でも勝つことができれば理想的。だが、それができれば苦労はしない。現実的な対応としては「勝てそうな時だけ仕掛けて、そうでない時は休む」のがよい。しかし実際には、勝ちにくい時もあえて勝負してしまう投資家が多い。

駄目な時に売買しても、結局負けがかさんで利益を吐き出してしまうことになる。自分のやり方に合わない時は休み、儲かりそうな時だけ勝負する。相場では、勝てる時だけ参加することが肝要である。

事前に考えておく（一）

入り口に入る前に出口と非常口を確認

出口も確認せず「相場の入口」に入るのは危険である。例えば、一〇〇円で買った株が一二〇円になったら利食う、八〇円になったら損切るというように、出口（利食い）と非常口（損切り）を事前に決めておくことが大切。買った株が下がってから「どうすればよいか」などと悩むようではいけない。

しかしほとんどの人は入ってからどうしようかと迷う。迷っている時はなかなか冷静にはなれない。だから出口や非常口を探そうと思っても簡単には見つからない。探している間にやられてしまう。

事前に考えておく（二）

準備が大切

例えば、入試本番。問題を素早く正しく解くには、日頃から勉強を重ね、さまざまな解法を試し、どの方法が一番よいのかを知っていなければならない。

株式投資もこれに似ている。実戦で正しいやり方をスムーズに選ぶには、普段のトレーニングの段階でいろいろ試し、どれが一番効率的かを事前に知っておく必要がある。試行錯誤を繰り返すための時間はかかるが、長時間かけて試行錯誤しておかないと実戦では短時間で対処できない。

出所不明にご用心

噂はあくまでも噂である

誰が言ったのかわからない、どこで聞いたのかもわからないような出所不明の噂はあてにならない。ましてや、匿名の書き込みを信じるのは危険である。ある人が自分に都合のよい相場になってほしいがゆえに噂を流している可能性も少なくない。

しかしそういった怪しげな話に左右されやすい投資家は多い。

せかす業者は危険

理由があるから「せかす」

「今申し込まないと駄目です」「今なら……」と、考える時間も与えずに取引を急がせる業者がいる。これは消費者にとって危険な存在である。

実は「今すぐ」でないと困るのは顧客ではなく業者のほうである。ノルマに追われているなど、すぐに注文をとらないといけないため「せかす」。

顧客の立場としては「よく考えてから買いたい」はずである。それをさせないからには、何か裏がある。

脱兎のごとく

逃げきることも実力のうち

あの徳川家康でさえ、負け戦の時は脱兎のごとく逃げて次に備えた。下落相場の時は、見栄を張らずに逃げるべし。生き残れるかどうかは、負けているという状況を認識し、引く時に引くことができるかどうかにかかっている。逃げることは、けして恥ずかしい行為ではない。逃げることができるというのも実力のうちである。

長期投資は本当に王道？

「長期投資＝安全」とは限らない

「長期投資＝正しく、短期売買＝悪」と主張する学者もいるが、ＮＴＴや鉄鋼株を一〇年以上保有していたらとんでもないことになっている。長期投資も銘柄によっては悲惨な結果になる。長い間持っていても駄目な銘柄は駄目、損切ることが最良の選択である。

「損切りを恥じる」ことは「入学試験の時、答案の書き直しを恥じる」ことと同じである。見通しがはずれたら、即「損切り」を実行すべし。

ドレッシングにご注意

突然、期末に推奨される銘柄は注意

機関投資家は、三月末や年末など、期末で成績を評価する。期末が接近すると、自分の成績を上げたいなどの理由から、実態が昨日までと変わっていないにもかかわらず、マスメディアを通じて推奨コメントをするプロもいる。気をつけたほうがよい。

また、期末のドレッシングに併せて「好材料レポート」を出してくる証券会社も要注意である。

ナイフは地面に突き刺さってから抜くほうが安全

動いているものはとらえにくい

人間は欲張りだ。株を買うなら少しでも安いほうがよいと思うから、下げている途中で買いたくなる。しかし下げている途中で買う行為は、落ちている途中のナイフをつかみにいくようなもの。けがをすることが多い。

株価がどこまで下がるかは誰にもわからない。だからこそ、下げきって反発してから買うようにしたい。落ちているナイフを拾うのであれば、けがをする可能性は低い。

長々と説明されなければいけない商品はあやしい

複雑だから言葉が必要になる

「どうなったら儲かるのか」「どうなったら損するのか」「解約は自由にできるのか」「すぐ売って逃げることができるのか、その場合、おカネが戻ってくる条件はどうなのか」などが簡単にわかるような商品はまともな商品だ。

逆に長々と説明されなければ理解できない商品には気をつけたほうがよい。長い説明が必要ということは、簡単には説明できないほど複雑な商品であることを物語る。

バンドエイドはすぐ貼れ

傷口が広がる前に

「買い付けてうまくいかなかった銘柄」をすぐに処分することは出血時にバンドエイドを貼ることに似ている。しかし株式投資においては、バンドエイドを惜しんで手遅れになる投資家が多い。何事も傷が小さいうちに対処しておけば、回復も早い。もっとも投資の世界は自己責任なので、「すぐにバンドエイドを貼る」か「放っておくか」は各自の自由であるが……。

本人の自由だが
もっともらしい理由は、もっともな理由ではない

ＮＴＴや古河電工のような潰れそうもない銘柄ほど損切りが遅れて大損をしてしまう可能性が高い。

速やかに損切りを実行するか、そのまま放っておくかは、本人の自由である。しかし「もっともらしい理由」を並べてそのまま放置しておき、結果的に後悔する人のほうが圧倒的に多い。

やり方が大事

当たり外れよりも大事なものがある

一般投資家の多くは、予測が当たったか外れたかを重視する。確かに「いつも当たる予想家」がいれば、それはそれですごい。しかし現実問題として、いつも当たる人などは滅多にいない。当たるか外れるかがわからない「予想」などを追いかけるよりも、売買のやり方を身につけること、腕前を上げておくことのほうが大切である。

第5章

「そうだよなぁ」と思っていただけたらうれしい「ひとこと」集（付録）

あいまいな答弁に注意

株主総会では株主に質問された経営者が「努力します」と返答するケースが目立つ。しかし「努力する」という言葉は「多分達成できませんけれど、どうか許してください」という意味で、不誠実な人間が好んで使う。こんな経営者に、騙されてはいけない。騙され上手なのが日本の「こころ」、やさしい株主なのかもしれないが……。

一二〇〇〇円じゃ駄目だよ

「日経二二五が一二〇〇〇円に回復するまでは、株式譲渡益課税を一時非課税に」という提言が財界から出てきた。そんなことをしたら一二〇〇〇円に近づくと売り注文ばかりになる。どうせなら「日経二二五が一二万円になるまで」とか大胆な提言をしてほしい。財界活動をしている人たちの発想は面白みに欠ける。「最近の若いやつは学力不足で」などと嘆く前に、大胆な発想をする若者を上手に活用しないと日本は何も変わらないぜ！

買う人がいなければ売れない

「買い注文」しかなければ、「買い気配」になってしまい値段はつかない。売り手と買い手がいて初めて株価は成立する。投資家は常に「自分と反対の売買をしてくれる人」に感謝しないといけない。

株主の権利を行使しよう

個人投資家の皆さんは、保有している株式について、株主総会の議案に賛否を表明しているのだろうか？　株主に有利と思う議案には「賛成」を、不利と思う議案には「反対」を投じて、株主の権利を行使したい。株主が経営をきちんと監視すれば、よりよい経営が行われるようになる。結果的に株主も取引先も従業員も報われることになる。

規制強化よりも

「空売り規制」などするよりも、法令を守ったうえでの自由な売買を認めてほしい。そうしないと市場参加者が減ってしまう。規制強化よりも「法令で許されることは何でもやって日経二二五を二〇〇〇〇円にするのが最高の景気対策だ」とでも、時の政府が言えば、「空売り規制」を強化しなくても株価は上昇すると思うが。

顧客が勝者を決める

携帯電話がキャッシュカードにとって代わりそうだ。しかし既存銀行は設備投資負担増加で難色を示しそうだ。とはいえ「顧客本位の携帯電話化推進派」が「自己都合優先の既存銀行」に勝つのは時間の問題だろう。

下がれば安くなるのに！

「イラク戦争で株価が下がったら制限値幅縮小、株価が上がったら制限値幅はそのまま」という発想がどこから出てくるのだろうか。「大きく下がったら買いたい」と思っている投資家もいるはずである。

サプライズなし

総合デフレ対策にサプライズはなかった。「二〇〇四年度に不良債権額を半減」という数値が出てきたことは評価できるが、需要増加の具体策が見えてこない。「親方日の丸」の人間が策定する案には、必死さが足りない。

自己売買手口の公表を

米国でアナリストの中立性が問題になっている。アナリストがレポートを作成することと自体に問題はない。ただ、A株を「買い推奨」しておきながら、自己売買部門がA株を売却していたら、それは利益相反行為である。市場参加者の疑念を払拭するためにも、証券会社は自身の自己売買手口を公表すべきである。当日発表でなくてもよい。少々タイムラグがあってもよいからキチンと公表すれば、市場参加者も納得するだろう。

相場に合議制はなじまない

合議制を取り入れると、ただ無責任な関係者が増えるだけ。最終的に残るのは中庸な選択だけである。これで勝てたら運がよいだけである。それよりも一番うまい人にだけ任せたほうがよい。一番うまい人がやっても駄目なら、あきらめもつく。

投機家のどこが悪い

「投資家が正しく、投機家は邪道」というようなことを、マスコミが報道してはいけない。不勉強な政治家や官僚に誤解を与える。投資も投機も、自己責任でやるのであれば問題ない。むしろ「投機家がいてくれるから、値付きもよくなり市場が厚みを増すこと」をマスコミは強調すべきだ。

東京での降雪＝閑散相場

雪国の方が聞いたらあきれるだろうが、「東京二三区内での降雪は株式相場にマイナス」である。兜町のディーラーも、大手町の機関投資家も雪の日は早目に帰宅したいので、こんな日にはあまり発注しない。

二度目は退場に

東証が売買審査にイエローカード制を導入するそうだが、サッカーみたいに「二度目で退場」というわけではないらしい。きちんと退場の基準を定めておかないと、「東証の裁量」というわけのわからない解決方法が日常茶飯になるのでは？　「おカネや証券に絡む問題」は事前にルールや基準をキチンと設定しておかないと、もめるぞ！

配当金さえ出しておけば

元本が減っても毎月配当金がもらえる投信の人気が高いそうだ。「一五年前に三〇〇万円で買ったＮＴＴ株は、毎年五〇〇〇円の配当金がもらえるので、今は株価が四五万円に下がったけれど全然気にしていない」と言えるような奇特な人ならともかく……。「配当金さえ出しておけばクレームが来ない」と高笑いしている悪徳業者が目に浮かぶぜ！

必要な金額だけ売却可能

もし名画モナリザが時価一〇〇億円だとしても、五億円分だけ切り取って売るわけにはいかない。しかし時価一〇〇億円分の上場株式を保有している投資家は、必要に応じて五億円分を売却することは可能である。そういった意味において、美術品よりも上場株式のほうが運用資産としての機動性が高い。

プロの舌

「食感が雌牛ではないのでおかしい」という消費者のクレームで、東急ストア鷺沼店での「松阪牛偽装販売」が発覚した。最初に気がついた消費者は「プロの舌」の持ち主か？　株式市場でも、「プロの舌」を持つ一般投資家からの「クレーム」や「金融庁への密告」などが増えて、不正の取締りが一段と活発になることを期待したい。

身銭を

「経営内容は好転する」と経営陣が本当に信じているのであれば現経営者・元役員・行員が一体となり身銭をきって大量に自行株を購入すべきである。経営者が自らひとりあたり何千万円とか、元役員が退職金を投じてひとりあたり一億円以上とかのロットで自行株を買い始めれば、「売り崩し」を仕掛けている投資家も、さすがに考え直す。「株価は経営実態を反映しない」と頭取が繰り返し発言しても身銭をきって行動をしない限り、市場参加者は信じない。

夢がなきゃ

「年間一〇〇〇万円までの売却益は申告不要」では夢がない。どうせなら「年間一億円まで」とかにして欲しい。夢がないぜ。売上不振のｔｏｔｏだって配当上限二億円をなくして「金額無制限独り占め」になれば、購入者が増えるだろう。株式投資は「上がるか下がるかに賭けるギャンブル」なんだから、夢がなきゃ駄目だぜ。

NATOは駄目

「NATO」＝「No Action Talk Only」では株価回復などなかなか実現しない。潰れた山一證券もそうだったが、「俺は○○大学卒だから、そんな仕事はしなくてよい。誰かほかの人にやらせておけ」というように、高学歴者が幹部となっている組織には多い。もし同様に、政府当局が「株価対策」を軽く考えていたら、失敗するだろう。どうせなら「俺は○○大学卒で優秀だからまず率先してやる。万一失敗しても俺が責任をとるから、皆も安心してついてきてくれ」というようでなければ、エリートとは言えない。やらない理由ばかり並べる○○大学卒とか××大学院修了の「自称エリート」など不要である。

■著者紹介

東保裕之（とうぼ　ゆうじ）

１９５９年東京都生まれ。１９８３年慶應義塾大学法学部政治学科卒業。同年、山一證券入社。経済研究所、支店営業、株式運用ディーラーなどを経験する。山一證券廃業後、証券広報センター通信講座初代事務局長を経て、１９９９年個人専用投資顧問会社「株式会社ビー・アール・ビー・インベストメント」を設立。現在、同社代表取締役。個人投資家向けに電子メールを使った投資アドバイスサービス等を行っている。著書に『マネーぜみなーる　株式投資これだけはやってはいけない』『株式投資これだけ心得帖』（両書とも日本経済新聞社）がある。

2004年04月27日　第1刷発行

株式トレーダーへのひとことヒント集

著　者　　東保裕之
発行者　　後藤康徳
発行所　　パンローリング株式会社
〒160-0023　東京都新宿区西新宿7-21-3-1001
TEL　03-5386-7391　FAX　03-5386-7393
http://www.panrolling.com/
E-mail　info@panrolling.com
装　丁　　株式会社ベイ・イースト・グラフィックス
印刷・製本　　大日本印刷株式会社

ISBN4-7759-9009-8

ウィザードコミックス新登場!

「聞いたことはあるけど、よくわからない」
「なんだか難しそう」

そんな投資に関するお悩み解決します！
マンガではじめるウィザードへの第一歩!!

ウィザードコミックス①
マンガ ウォーレン・バフェット

世界一おもしろい投資家の 世界一もうかる成功のルール
著者●森生文乃
A5判ソフトカバー・178ページ／定価1,680円

世界一の株式投資家、ウォーレン・バフェット。
その成功の秘密とは？

ISBN4-7759-3005-2 C2033

ウィザードコミックス②
マンガ サヤ取り 入門の入門

スプレッド、アービトラージ、ストラドル…すべての基本がココにある!
監修●羽根英樹／作画●高橋達央
A5判ソフトカバー CD-ROMつき・160ページ／定価1,890円

小さいリスクで確実なリターンが望める「サヤ取り」。
付録のCD-ROMですぐ始められる実践的入門書！

ISBN4-7759-3006-0 C2033

ウィザードコミックス③
マンガ オプション売買入門の入門

原作・監修●増田丞美／作画●小川集
A5判ソフトカバー・180ページ／定価2,940円

マンガを読むだけでここまでわかる！
基本用語から実践法まで網羅した入門書の決定版！

ISBN4-7759-3007-9 C2033